LIVRET

DE LA

SOCIÉTÉ DES AMIS-DES-ARTS

DE LYON

FONDÉE EN 1836

LYON. — Imprimerie J. GALLET, rue de la Poulaillerie, 2.

LIVRET

EXPLICATIF

Des ouvrages de Peinture, Sculpture, Dessin, Gravure, etc.

ADMIS A L'EXPOSITION

DE LA

SOCIÉTÉ DES AMIS-DES-ARTS

DE LYON

FONDÉE EN 1836

1881

44e EXPOSITION

PRIX : 80 CENTIMES

A LYON

CHEZ LE CONCIERGE DU PALAIS-DES-ARTS

et dans la Salle d'Exposition

AVIS

L'Exposition est ouverte au public le lundi, le mardi, le mercredi et le jeudi, moyennant une rétribution de cinquante centimes ;

Le dimanche, sans rétribution.

Le vendredi et le samedi sont réservés aux membres titulaires et aux artistes exposants, qui doivent présenter une carte d'admission signée du Président. Chaque membre titulaire a droit à deux cartes d'entrée.

On devient sociétaire en souscrivant une action nominale de 50 fr. Cette action donne droit au tirage au sort des objets acquis par la Société, et à un exemplaire de la publication artistique qu'elle fait chaque année. On peut se faire inscrire au Secrétariat du Palais-des-Arts.

On trouve chez le concierge et dans la salle d'exposition des billets de 1 franc, lesquels participent au tirage des objets acquis par la Société à l'Exposition de cette année, concurremment avec les actions nominales.

L'Exposition est ouverte tous les jours,
de 11 heures à 4 heures.

On trouvera au Secrétariat tous les documents relatifs à la vente des tableaux.

SOCIÉTÉ

DES

AMIS-DES-ARTS
DE LYON

PRÉSIDENT D'HONNEUR

M. Oustry, O. ❋, Préfet du Rhône.

Membres de la Commission exécutive :

MM. Mollière (Antoine), président.
Aynard (Edouard), vice-président.
Mas (Réné), trésorier.
Desjardins ❋, secrétaire.
De Champ.
Gayet (Ernest).
Flotard (Eugène).

MM. Echernier (Casimir).
Chabrières-Arlès ❊.
Perrin-Gilardin (Gabriel).
Grand (Paul) ❊.
Cazenove (Raoul de).
Oyex (Eugène).
Bizot (Jules).
Osmont ❊.

Membre correspondant :

A PARIS

M. Legras (Aug.), artiste peintre, rue Fontaine-St-Georges, 34.

LISTE DES SOUSCRIPTEURS

MM. Adam (H.).
Aigroz (A.).
Alamagny (Madame), à Saint-Chamond.
Albertin (Madame).
Alégatière (Madame).
Allard (Armand).
Allemand (Hector).
Ancel.
André (Gaspard).
Andrié (Henri).
Appian (Adolphe).
Apvril (Edouard d'), à Grenoble.
Arambourg (Victor)
Arbel (L.) ✱, sénateur, à Rive-de-Gier
Arbelot.
Arlès-Dufour (Gustave).
Arlin (Joanny)
Armbruster.
Arquillière (Henri).
Artaud (Jacques).
Aubert (Louis).
Aubert (le docteur).
Audibert (L.) et Cie.
Audra (Hubert).
Aynard (Edouard) ✱.
Aynard (Alphonse).
Aynard (Charles).

MM. Baboin (Aimé).
Baboin (Auguste).
Bailly (Antony).
Ballay (Victor).
Bally (Antoine).
Balmont (Léon).
Barbezat (P.-H.).
Bardon et Ritton.
Barnoud (A.).
Barral (Paul).
Barrelon (Pierre).
Basset (Alfred).
Bassieux (Francisque).
Baud (Pierre).
Baudet (Louis).
Baudoin (Francisque).
Bauer (Félix).
Baugé (François).
Bayle (J.-A.).
Bayon (Ernest).
Belingard.
Beaumont (Augustin).
Beauregard (Madame).
Bellat (Pierre).
Belegou.
Bellet du Poizat, à Paris.
Bellissen (Léon).
Belliveaux (Léon).
Bellon (Joseph) ❋.
Bellon (Damien).
Bellon (Camille).

MM. Bellon (François).
Benoît (Louis-Frédéric).
Béraud (Michel) ✻.
Bergeret (Arthur).
Bergeron (Victor).
Bernais (Charles).
Bernard (Jacques) ✻.
Bernard (Claude).
Berne (le docteur) ✻.
Berthet (Claudius).
Berthet.
Berthet et Faussemagne.
Berthon (Louis).
Bertrand (Ennemond), 2 souscriptions.
Besson (Paul).
Besson (Charles-Auguste).
Bidon (J.-M.).
Biétrix (Louis).
Biétrix (Joseph).
Billiet (François).
Billion (Alexandre).
Biolay (Louis).
Biolet et Garde.
Biollay (Antoine).
Bissuel.
Bizot (Jules).
Bizot (Eugène).
Blanc (Emile) ✻, le docteur.
Blanc (Edouard).
Blanc (Philippe), à Villefranche.
Blancart frères.

MM. Blanchet (Paul), à Rives (Isère).
Bocoup.
Boffard et Ce.
Boissa.
Boisset (Charles de).
Bolot (Charles).
Bonfils (Madame).
Bonfils.
Bonnardel (F.).
Bonnardel (Jean).
Bonnet (Jean-François).
Borel (Paul).
Bosson.
Bossy.
Boucherville (Adrien de), à Paris.
Bour (Léon).
Bourg (Félix du).
Bourgeois (Louis).
Bourgeot (Joseph).
Bouvard (Eugène).
Bouvet (Auguste).
Boyriven (Jules).
Bozon (Louis).
Brama (Madame Gabrielle).
Bredin (Paul).
Brely (Auguste de la).
Bresson (Louis).
Bresson (Antoine).
Briau.
Brolemann (Arthur) ✻.

MM. Brosset-Heckel ✻.
Brun (Ernest).
Brun-Legros (Paul) ✻.
Brunet-Lecomte ✻, Devillaine et Cᵉ.
Bruyas (Paul).
Bruyas (Marc).
Bruyas (Etienne).
Bulliot, à Autun.

Callamard (Jean-Baptiste).
Cambefort (Jules) ✻.
Cambefort (Gustave).
Cambon.
Canat de Chizy.
Caquet-Vauzelle ✻.
Caquet-Vauzelle (Herni).
Carrier (Edouard), le docteur.
Casati (Isaac).
Casati-Brochier.
Cathelin (Félix) ✻.
Cazenove (Raoul de)
Cazenove (Léonce de) ✻.
Cercle de Bellecour.
Chabaud (E.).
Chabert (Claude).
Chabrières-Arlès ✻, trésorier-payeur général du Rhône.
Chalandon.
Chaffange (F.).
Chambeyron.

MM. Champ (Dionys de).
Champagne (Joseph) ✻.
Chanal (François).
Chanay (Antoine).
Chanet (Maurice).
Chanu (Alfred), à Bourg.
Chapoton (Claudius).
Chappet (Prosper).
Chapuisat et Milsom.
Chapuis (Vincent).
Chapuis (Eugène).
Charbin (Etienne).
Charbonnet fils.
Charles (Albert).
Charrin (Maurice).
Charvériat.
Charvériat (Honoré).
Charvet et Cᵉ.
Chassaignon.
Chatigny (Joannès).
Chomat (Henri).
Chauvet (Jean).
Chavassieux.
Chavent (Antoine).
Chenavard ✻.
Chevalon.
Chevallier (Henri).
Chevrier (Jules) ✻, à Chalon-sur-Saône.
Chivot (Camille).
Chomer (Alexandre).
Chomer (Louis).

MM. Clair (Joannès).
Claret (Joseph).
Clayette.
Clément (Jules).
Clot (Paul).
Clot (Félix).
Cochaud (Henri).
Cocquard (J.-P.).
Cocqueret (Olivier de).
Coindre (Jean).
Collongeat.
Combe (Jules).
Combier.
Comte (Etienne).
Conty.
Cornillon (Joseph).
Corron (Joseph).
Coste (Louis.)
Coste (Camille).
Coste-Labeaume.
Cote (Théodore) ✻.
Côte (Marius).
Cottin (Cyrille).
Courrat (Antoine).
Coutagne (Emile), le docteur.
Croizat et Ce.
Crozet.
Cusin (Etienne).
Curty (Cl.).
Cuvillier.

MM. Dailly.
Dallemagne (Léon), à Bourg.
Dambmann.
Damour (Ernest).
Darche (Joseph).
Dardel (Madame René).
Darnat (Mme Ferdinand)
D'Aubarède (Paul) ✻.
Debeaune (Antoine).
Delaitre et Lamarre.
Delafond (Albert).
Delocre, O ✻.
Delorme et Gabillot.
Delorme (Jules).
Delorme (Joanny).
De Luvigne (L.-F.-Alphée).
Demoustier.
Denervaud.
Deriard (Louis), à Valence.
Descours (André).
Desgaultières (Madame).
Desgaultières (Albert).
Desgeorges (Alphonse). ✻.
Desgrand (François).
Desgrand (Louis).
Desgranges, O ✻ (le docteur).
Desjardins ✻.
Desnoyel (Antoine).
Desprès (Antonin).
Détroyat (Charles).
Devaux (Célestin).

MM. Devienne, G. O. ✠, ancien président de la Cour de cassation.
Devienne (André).
Devienne (Jean-Marie).
Deville (Louis-Ch.-A.), maire du 1er arrondissement.
Diday (le Docteur).
Dime (François).
Divan (le Cercle du).
Dommartin (Jean-Baptiste).
Donnet (J.-B.).
Dor (Henri).
Donzel (J.).
Douenne (Joannès).
Drevet (Joannès).
Drevon (Madame).
Drogue (Louis).
Droze, Jaillet et Ce.
Druard (Philippe).
Dubois (Alexandre).
Dubost (Félix).
Dubost (Claudius).
Duc (Marius).
Duc (Claudius-Aimé).
Dugas (Osippe).
Dugueyt.
Dulac (Jules).
Dultier (Cyprien) ✠
Dumas (Michel).
Dumenge (Léon).

MM. Dumond (Jules).
Dumond (Marius).
Duplay (Francisque).
Durand (Eugène) ✠
Durand (Francisque).
Durillon.
Duringe.
Dusserre fils.
Dutel et Cᵉ.
Duvant (Laurent).
Duviard (Eugène).

Echernier (Casimir).
Emery (L.).
Enders (Jules).
Espiard (Félix).
Eymard (Réné).

Fabisch.
Faidy (Augustin).
Falcouz.
Farfouillon (Madame).
Farfouillon (Jules).
Fauché (Victor).
Faugier (Antoine).
Faurax frères.

MM. **Favrot aîné ❋.**
Fayard (Paul).
Fayet (Léon).
Félix (Michel).
Ferber (Ernest).
Ferrand (Madame Mathilde).
Ferrieu (Joseph-Alphonse).
Fitler (Edmond).
Fitler (Albert).
Finas (Madame).
Finaz.
Ferrouillat (Emile).
Feuga.
Flachat.
Flachat et Cochet.
Flandrin (Joannès).
Fleurdelix (Madame).
Flotard (Eugène).
Forrer-Debar.
Fougasse.
Fournet (J.-P.).
Fournier (Alphonse).
Fournier (Léon-Alphée).
France (Pétrus).
François (Adolphe).
Frau (Emile).
Fugère frères.
Furnion et Cie.

MM. Gailleton (Charles).
Gaisman (Henri).
Galline (Oscar), O. ❋.
Gantillon (Denis).
Gantin jeune.
Garin (Xavier).
Garnier (Claude).
Gautier (Charles).
Gautier (Etienne) ❋.
Gay (Henri).
Gayet (Ernest).
Geneste (Philippe).
Genivet.
Geoffray (Nicolas).
Gérard (Jules).
Germain (Henri) ❋, député de l'Ain.
Germain (Philippe).
Gigodot (Léon).
Gilardin (Isidore).
Gillet (Joseph).
Gillet (François).
Gilliard.
Gindre (Claude).
Girard (Jean-Marie).
Girard (André).
Girard (Stéphane).
Girard (Claude).
Girardon (Gustave).
Giraud (Théodore).
Giraud (Alexandre).

MM. Giraud (le docteur).
Giraud (Victor).
Girodon (Alfred).
Godinot (Théodore).
Gonin (Gabriel).
Gonnard, à St-Etienne.
Gorlier (J.).
Gourd (Henri).
Gourd (Charles).
Goybet (Jules).
Grammont (E.-C.).
Grand (Paul) ✻.
Gravillon (Arthur de), à Paris.
Grillet et Cᵉ.
Grobon (Frédéric), à Paris.
Gros (Gustave).
Gros (Albert).
Grosjean (Félix).
Guérin (Ferdinand).
Guérineau.
Guilleminet (André).
Guillot fils.
Guimet (Emile) ✻.
Guinamard.
Guinet (Joseph) et fils.
Guinet (François).
Guinon ✻.
Guinon jeune (Auguste).
Guix (Henri).
Gulliet (Joseph).

MM. Gulliet (Pétrus).
Guy (Jean-Baptiste).
Guyot (Stéphane).

Haberer et Baure.
Hartaud (Camille).
Hébrard (Louis).
Henneguy.
Henry (Jules).
Henry (Pierre).
Henry (Joseph-Alphonse).
Hignard ✠.
Hirsch aîné ✠.
Horand (le docteur).
Humbert (Gilbert).

Imbert (Louis).
Isaac (Louis).
Isnard (Albert).

Jackson (Madame).
Jacquand (Antoine).
Jacquier ✠.
Jacquier-Benazecht.
Jamot.
Jandin et Duval ✠

MM. Jangot.
Jaricot (Ernest).
Jerphanion (le baron de).
Jomain (Marius).
Jomain (Georges).
Jouffroy (Charles).
Jouffroy (Abel).
Jourdan (Clément).
Journet (Ernest).
Journoud (Etienne).
Joussay (Jules).
Jouve (Paul).
Jullien-Desprez.
Jullien (Marie-François).
Jullien (Alexandre).
Juron (Charles).

Karcher (Gustave).
Kuppenheim.

Laboré et Barbequot.
Laborde (Eraste).
Lachard (Tony).
Lacroix (Cyprien).
Lagrevol (de) ☼ Conseiller à la Cour de cassation.

MM. Lalouette (Victor).
Lamaignère (Lucien).
Lamy (Antoine) ❋.
Landru (Emile).
Laprade (Victor de) ❋.
Lantelme, O. ❋.
Larochette (de) ❋.
Legendre (Ch.-Ant.).
Lastic (le marquis de).
Laurens (Charles).
Laurent (A.).
Laurent (E.).
Laverrière.
Lavilléon (de), Rérolle et Poignant.
Lavirotte.
Legat.
Legras (Auguste), à Paris.
Larrivé (Clément).
Le Mire (Noël) ❋.
Lepaule.
Lescuyer (Alphonse).
Letourneur ❋.
Levy (Auguste).
Lévy (Gustave).
Liénard (Justin).
Lilienthal (Sigismond).
Limousin.
Linage (Antoine-Simon).
Liquier (Madame, née de Cazenove).
Locard (Eugène) ❋.
Lombard de Buffières (Louis).

MM. Lombard.
Londe (P.).
Lorigeon et Genoulaz.
Lortet (Leberecht).
Louis (M.-J.).
Louvier.
Lumière (Antoine).
Luthringer.
Luville.

Maguillat (Jules).
Maisiat (Joannès), à Paris.
Mallet Guy (Célestin).
Mangini (Lucien) ❋, sénateur.
Manhès.
Manissier (François).
Mantelier (Marius).
Marduel (Joannès).
Marduel (le docteur).
Maréchal.
Marel (Charles), à Rive-de-Gier.
Marel (Etienne), a Rive-de-Gier.
Mariéton (Vincent).
Marion (C.).
Marix frères.
Marnas (A.), ❋.
Martin (E.-M.).
Martin Hubsch et Ce.
Martin (Régis).
Martin.

MM. Martin (Mme Henri).
Martin.
Martin (Pierre).
Martinand.
Mas (Réné).
Mathevon ❋ et Bouvard.
Mathevon (Octave).
Maurin (Hippolyte).
Mauvernay (Jules).
Mazerand (Jean).
Meaudre (Louis).
Meaudre (Hugues).
Meaudre (Adrien).
Megroz (Henri).
Megroz (Louis).
Menet (Jean-Henri).
Merle (Antoine).
Messiny.
Mestrallet (Joseph-Anne).
Mestre (Mademoiselle Julie).
Meynard (J.-J.), O. ❋.
Michel d'Armancourt (Victorin).
Michoud (Eugène).
Micolier (André).
Millardon (H).
Mitiffiot de Belair.
Moinecourt et fils, à St-Chamond.
Mollard (Madame).
Mollière (Antoine).
Mollière (Daniel), le docteur.

MM. Mom-Faure.
Monnier (Lodoix)
Morand.
Moreau (Dominique).
Moreau (Denis).
Morel (A.)
Morellon (Madame).
Morin-Pons (Henri).
Mortemart (le duc de) ✱, à Paris.
Mouterde.
Mouthier (Charles).
Muguet (Jules).
Munet (Melchior).
Munier (Louis-Auguste).
Muthuon (A.)

Neyrand (Elysée), à St-Chamond.
Neyrand (Henri).
Neyron des Granges (Louis).
Nique (A.)
Nuiry.

Oberkampf (Ernest).
Odet (André).
Oriol ✱, à St-Chamond.
Osmont (Ch.), ✱.
Oyex (Eugène).

Pacallet (Alexandre).
Paliard (Léon).
Pariset ✻.
Pascal (Antonin).
Pascal (Claude).
Pascalon (Paul).
Pauthe.
Payen (Louis).
Payen (Charles).
Pealat (Louis).
Peillon.
Pelouse (Léon-Germain), ✻, à Cernay-la-Ville.
Permezel (Léon).
Pernet (directeur de la Banque).
Péricaud (Antoine).
Perrachon (André).
Perraut (Emile), à Paris.
Perregaud, à Bourgoin (Isère).
Perret (Jean-Baptiste) ✻, sénateur.
Perret (Michel) ✻.
Perret (Joannès).
Perret-Lagrive.
Perrin-Gilardin (Gabriel).
Perrin (Jules).
Pfahl (Philippe).
Philip (Philippe).
Peixotto, consul des Etats-Unis.
Piaton fils.
Picard (J.)
Pichat (Antoine).

MM. Picot (Léon).
Pierroux et Marmorat.
Pignatel (Victor).
Pion (Henri).
Piot-Gendre (J.-F.)
Piotet (J.-M.)
Pirjantz, Bard et Ce.
Pitout (Mme.)
Pitrat (Jean-Claude.)
Poizat (Alfred).
Polinière (le baron de).
Poncet père et fils.
Poncet (J.-B.).
Pondeveaux (Eugène).
Pont (Joseph).
Ponthus-Cinier.
Prost (Jean-Claude).
Poulot, O. ✻, chef d'escadron d'état-major.
Pradel aîné.
Pravaz et Bouffier.
Pré (Simon).
Prévost (Aimé).
Prial-Bussière.
Probst (Charles).
Prudon (Michel).
Pulliat.
Pupier (Joanny).
Pupier (Zénon).

Quisard (Laurent).

MM. Raillon (Joseph).
Rambaud et Thoral.
Raousset (Mademoiselle de).
Rater (Arthur).
Ratye (Georges).
Ravier, à Morestel (Isère).
Régnier (Madame).
Renaud (Henri).
Renard (Francisque) ✻.
Renard-Villet.
Renaud (Jean-Louis).
Rendu et Moïse.
Rerolle (Georges).
Reveil (C.), ✻.
Revel (Étienne).
Reverchon (Louis).
Reverdet (François).
Reverdy-Pupier.
Revol-Sandoz.
Rey (Adrien).
Reyre (L.).
Riatz (Auguste de).
Riboud (Madame Jules).
Riboud (Léon).
Ricard (Joseph).
Richard (Antoine).
Rive (Francisque), ✻.
Rivoire (François), à Paris.
Robert, ✻, dir. de la Société lyonnaise.
Rochet (Louis).
Robin, ✻.

MM. Roë, O. ❋, premier président à Chambéry.
Roë (Charles).
Rolland (Henri).
Rollet (Victor).
Romand (Ernest).
Roque (Michel).
Rosier (François).
Rosset (Antoine-Eugène).
Rothschild (le baron Gustave de), à Paris.
Rougier (Madame).
Routier (Emile).
Roux (Armand).
Roux (Henry).
Roux (Joanny).
Rouveure (Emile).
Royé-Belliard ❋.
Rozier (Antoine).
Ruolz-Montchald (le marquis de).

Sabran (Emile) ❋.
Sabran (Hermann).
Saint-Olive (Anatole) ❋.
Saint-Olive (Gabriel) ❋.
Sallé (Pierre).
Salut Public (le journal).
Salvert (de).
Salveton ❋.
Sandoz (Ulysse).
Sarrazin (François).

MM. Sarrazin (Jean-Marie).
Sauzet (Jean).
Sauzey (Abel).
Savoye (Louis-André).
Schuler (Léon).
Schulz (L.) ❋ et Ce.
Schulz (C.-W).
Seguin (Augustin).
Seigle (J.).
Sénélar (François) ❋.
Serre.
Serrullaz.
Servant (Guillaume-Jean).
Sève (Jean).
Sibour (Léon).
Siboulotte (Barthélemy).
Siaux (Madame).
Sicard (A.).
Sicard (Nicolas).
Simon (Joseph), à Paris.
Sinn (John).
Souchon (Théodore).
Souchon (Lucien).
Soulier (Charles).
Steiner-Pons (Ed.).
Stengelin (G.).

Tapissier fils ❋.
Tardy (Francis).
Tardy (Joseph).
Tardy (Albert).

MM. Tardy (Stephane).
Tassinari et Chatel.
Tavernier (Jean-Baptiste).
Tavernier (le docteur) ❊.
Teissier (le docteur) ❊.
Teissier-Bonthoux (Madame).
Terme ❊.
Teste (Anatole).
Teynard.
Thevenet ❊ et Roux.
Thevenet-Monnet.
Thevenin (Antoine).
Thibaud (Bruno).
Thierry (Charles).
Thiers (Clément).
Thiollière de l'Isle ❊.
Thiollière (Eugène).
Thomas (Louis)
Thomasset-Mathieu ❊.
Thorel.
Trapadoux et Compagnie.
Trayvou (B.)
Tresca (Jules) ❊.
Tresca (Louis) et Compagnie.
Trévoux (Joseph).
Trillat (Antoine).
Trolliet (Antoine).

Ulmo (Simon).

Vachez.
Valansot (Louis).

MM. Valette (Jules).
Valuy (Georges).
Vermorel (Simon).
Vermorel (Jules).
Verpilleux (Louis), à Rive-de-Gier.
Verzier-Million.
Vetter (Charles). !
Vial (Joannès), à Grand'Croix (Loire)
Vidal (Alexis) ❋.
Vidal-Galline ❋.
Vigne (Henri).
Vignet (P.-M.).
Vignon (Jules).
Villard (Louis).
Villard (Joannès).
Villard et Tournier.
Villard (Francisque).
Villy (Auguste).
Vinciguerra (Francisque).
Vindry (Francisque).
Vincent de Vaugelas.
Vincent (Jean).
Vitta (le baron).
Voisin (Henri).
Voisin (Louis).
Voisin (Claude).

Waldmann (Emile).
Willermoz (Ferdinand).

Zipfel (Charles).
Zurich (Alexis).

LISTE GÉNÉRALE

DES

OBJETS D'ART

Admis à l'Exposition de 1881.

ABBEMA (Mlle Louise), née à Etampes (Seine-et-Oise), élève de MM. Chaplin, Henner et Carolus Duran, rue Laffitte, 47, Paris.

1 Gardénia.

2 Marie-Magdeleine.

AGASSIS (Marius), place Morand, 19, Lyon.

3 Le Torrent de Menthon (Haute-Savoie), (fusain).

4 Bords de la Brévenne, près Lyon (fusain).

ALLARD (Charles), élève de l'Ecole des Beaux-Arts de Lyon, Lyon.

5 Fleurs.

6 Fruits.

ALLEMAND (Gustave), élève de son père et de MM. Danguin et Cabanel, quai de la Charité, 4, Lyon.

7 L'entrée de la vallée d'Amby, à Optevoz (Isère).

8 Le Moulin de Châteauvieux-sur-Suran (Ain).

APPIAN (Adolphe), méd. Paris 1868, rue des Trois-Artichauts, 15, Lyon.

9 Embouchure de l'étang de Thau, à Cette.

10 Environs de Melinge-Jura (fusain).

APVRIL (Edouard d'), né à Grenoble, élève de M. Cottavoz, pl. de l'Etoile, n° 2, Grenoble.

11 Le Passage du ruisseau.

12 Pauvre musique.

ARLIN (Joanny) rue Louise, 35, Mont-Chat, Lyon.

13 Les Moulins de St-Clair sur le Rhône, à Lyon.

14 Le Suran à Châteauvieux, en avril.

ARMBRUSTER, rue du Plat, 2, Lyon.

15 Portrait de M. Paul Chenavard (dessin).

16 Portrait de Mlle M. T. (dessin).

AROSA (Mlle Marguerite), née à Paris, élève de MM. Amand Gautier et Barrias, rue Prony, 5, Paris.

17 Nature morte. —Livres.

AUBERT (Pierre), élève des Ecoles des Beaux-Arts de Lyon et de Paris, de MM. Dumont et Bonnassieux, rue du Champ-d'Asile, 69, Paris, à Lyon, rue de la Charité, 58.

18 Portrait de M. X. (Buste marbre.)

AUGER (Mlle Aline), née à Paris, élève de Mme de Cool, r. de l'Université, 25, Paris.

19 La Charité, d'après Bouguerreau (porcelaine).

AUGUIN (Louis-Augustin), né à Rochefort (Charente-Inférieure), élève de Jules Cogniet et Corot, médaille 3me classe, Paris 1880, rue de la Course, 67, à Bordeaux, à Paris, rue Halévy, 6.

20 Vallée du Clain (Poitou), Matinée d'automne.

BACCARD (Joseph), rue Désirée, 9, Lyon.

21 Marché aux cochons sur la place des Roches, à St-Galmier.

BAIL (Jean-Antoine), né à Chasselay (Rhône), à Bois-le-Roi (Seine-et-Marne).

22 La Fanfare de Bois-le-Roi.

BAIL (Joseph), né à Limonest (Rhône), élève de MM. J.-A. Bail et Gérome, à Bois-le-Roi (Seine-et-Marne).

23 Au jardin.

24 OEufs sur le plat.

BAILLY (Charles), né à Tarare, place Gerson, 2, Lyon.

25 Portrait de feu Mangini père (buste marbre, d'après photographie).

BAIRD (W.-B.), né à Chicago (Etats-Unis), élève de Yvon, rue Odessa, 3, Paris.

26 Le petit Impertinent.

27 En famille.

BARRIAS (Félix-Joseph) ❋, né à Paris, élève de Léon Cogniet (hors concours), rue de Bruxelles, 34, Paris.

28 Les Joueurs d'osselets à Tlemcen.

BARRIOT (Claudius), élève de l'Ecole des Beaux-Arts de Lyon et de Guichard, chemin de la Demi-Lune, 242, Lyon.

29 Le Charlatan (en Bresse).

BAUBRY-VAILLANT (Mme Marie-Adélaïde), née à Paris, élève de MM. Galbrun et Robert Fleury, avenue Malakoff, 137, Paris.

30 Comtesse Danicheff (pastel).

BAUDIN (Eugène), élève de l'Ecole des

Beaux-Arts de Lyon et de M. Vernay, cours d'Herbouville, 8, Lyon.

31 Fleurs et Fruits.

BAUDOUIN (Gaspard), né à Bourg (Ain), élève de M. Louis Guy et de Gleyre, rue Lalande, 18, Bourg (Ain).

32 Portrait.

BAUER (Félix), quai de l'Archevêché, n° 17, Lyon, élève de Domer et Scaby.

33 Nature morte. — Armes.

BAVOUX (Nestor), né à Lac ou Villers (Doubs), élève de Picot et de l'Ecole des Beaux-Arts de Paris, rue Neuve, n° 21, Besançon.

34 Ombrelle et Raisins.

BEAUMONT-CASTRIES (Mme de), rue de l'Université, 70, Paris.

35 Portrait de Chopin (médaillon bronze).

36 Portrait de Mme Krauss (médaillon bronze).

BEAUVAIS (Mme Anaïs), née à Flez-Cuzy (Nièvre), élève de MM. Carolus Duran et Henner, quai Voltaire, 17, Paris.

37 Perles et Roses (tiré des Nuits persannes d'Armand Renaud.)

38 La mort d'Albine dans le Paradon. — La faute de l'abbé Mouret. — Zola.

BEAUVERIE (Charles), né à Lyon, élève de l'Ecole de Beaux-Arts de Lyon et de Gleyre, méd., Paris, 1877, rue Gabrielle, 19, Paris.

39 Village et Château de Bouthéon (Loire).

40 L'Yzeron, à Francheville.

BÉLAIR (Fernand de), élève de M. Chatigny, rue du Plat, 3, Lyon.

41 Molière à Lyon

En 1653, Molière vint à Lyon et y représenta sa première pièce, l'*Etourdi*.

BELLET DU POISAT (Pierre-Alfred), né à Bourgoin (Isère), élève de Hippolyte Flandrin, rue Lafayette 111, Paris.

42 Le Christ marchant sur les eaux.

43 Les Martigues.

BENOIT (Emile), né à Paris, élève de M. Sauzay, rue d'Orsel, 39, Paris.

44 Nature morte. — Gibiers.

BERGER (J.), rue de la République, 19, Lyon.

45 Environs de Morancé. — Effet d'automne.

BERTHIER (André), rue Godefroy, 23, Lyon, et à Farcins (Ain).

46 Poires.

47 Poires.

BERTHON (Auguste), né à St-Etienne

(Loire), élève de l'Ecole des Beaux-Arts de Lyon et de M. José Frappa, rue Poncelet, 3, Paris.

48 Le Pactole du Bohême.

49 Portrait de M. José Frappa (pastel).

BERTHON (Louis), né à Bourgoin, élève de M. Hebert, au Richaud, par le Péage-de-Roussillon (Isère).

50 Portrait du petit Rodolphe.

BERTRAND (James), ❋, né à Lyon, élève de A. Perrin, hors concours, place Pigalle, 11, Paris.

51 Galathée et son amant Axis, surpris par le cyclope Poliphème.

BERRUET (J.-Florent), rue du Garet, 4, Lyon.

52 Poussins et Fruits.

BIARD (François), ❋, né à Lyon, hors

concours, aux Plâtrières, près Fontainebleau (Seine-et-Marne).

53 Souvenirs de voyage.

1° Impératrice du Brésil; 2° Vent du désert; 3° Princesse impériale du Brésil; 4° Vente d'esclaves à Tunis; 5° Empereur du Brésil; 6° Tente de Lapons; 7° Ours blanc des légions polaires; 8° Un rendez-vous au Groënlan; 9° Scène de grand chemin en Espagne.

54 Souvenirs de voyage.

1° Sauvages Madroucous; 2° Vent du désert; 3° La prière du Santon; 4° Aurore boréale au nord du Spitzberg; 5° Un Artiste; 6° Chûtes du Niagara; 7° Ecole turque à Alger; 8° Forêt vierge; 9° Wagon américain.

BIDAULD (Henri), à Rossillon (Ain), à Lyon, rue Constantine, 15, chez M. Duperray.

55 La Mare.

56 Le Matin.

BIDAULT (Jean-Louis), élève de M. Danguin, rue de La Villette, 68, Lyon.

57 Portrait de M. F.-B. (Dessin.)

BIDERMANN (Mlle Céline), rue Terme, 25, Lyon.

58 Les Oiseaux. (Grisaille rosée sur porcelaine.

59 Les Papillons (Grisaille rosée sur porcelaine.)

BILLOT (Achille), né à Sellières Jura), élève de Faustin Besson, Léon Cogniet, Robert Fleury et J. Perraud, Lons-le-Saunier.

60 Fleurs printanières.

61 Une Lédonienne.

62 Un petit Bressan. (Dessin.)

63 Dormeuse. (Dessin.)

BIOLLAY (Claude), né à Villefranche

(Rhône), élève de MM. Barriot et Laborier, rue Nationale, 172, Villefranche.

64 Bateau de laveuses

BLANC (Joseph-Célestin), né à Clelles (Isère), élève de Delaroche et Gleyre, rue du Mont-d'Or, 11, Paris.

65 Musiciens italiens ambulants.

66 Jeunes écoliers. — Avant la classe.

67 Femme italienne. — Etude. (Dessin.)

68 Jeune fille en prière. (Dessin .

BOCION (François), né à Lausanne, (Suisse), à Ouchy-Lausanne.

69 Vue prise à Vallorbes (canton de Vaud).

BOLSIUS (Mme veuve), rue de l'Annonciade, 18, Lyon.

70 Portrait de Mme X.

BOISLECOMTE (Edmond de), né à Arras (Pas-de-Calais), élève de J.-P. Laurens et Rivey, rue Poncelet, 26. (Les Termes), Paris.

71 Un Hidalgo.

BOMBLED (Charles), né à Amsterdam, élève de M. Schmidt, boulevard de Clichy, 49, Paris.

72 Officiers en reconnaissance.

BONIROTE (Pierre), cité Lafayette, rue de la Cité, 6, Lyon.

73 Vue de Rome. — Prise du Colisée.

74 Les temples d'Erecthie, de Pandrose et de Minerve Polliade, réunis. — Sur l'Acropole, à Athènes.

BONNEMAISON (Georges), né à Toulouse, rue Notre-Dame-de-Lorette, 58, chez M· André, Paris.

75 Paysage.

BONNET (Alexandre), montée du Gourguillon, 19, Lyon.

76 La Sommelière. — Effet de lumière.

BOPP DU PONT (Léon), né à Bordeaux, élève de M. Harpigniès, boulevard de Caudéron, 401, Bordeaux.

77 Le matin dans les Landes.

78 Le Pré salé. -- Environs d'Arcachon.

BOUCHER (Alfred-Jean), né à Nantes, éleve de M. Sauzay, rue de Lancry, 45, Paris.

79 Intérieur de maraîcher, aux environs de Paris.

BOUCHERVILLE (Adrien de), élève de F. Barrias, rue de Boulogne, 16, Paris.

80 Soubrette Louis XVI.

BOURDERY (Marie-Gabriel-Louis), né à Mussidan (Dordogne), élève de M. Gérôme, rue des Combes, 1, Limoges (Haute-Vienne).

81 Le Cardinal de Barre (émail sur cuivre).

82 La Femme de Van Eyckt (émail sur cuivre).

83 Madeleine au pied de la Croix (émail sur cuivre).

84 Anne de Bretagne et ses patronnes (émail sur cuivre).

BOURGEOIS (Urbain), né à Nîmes, élève de Cornu, Hyppolyte Flandrin et M. Cabanel, méd., Paris, 1877, 1880, avenue Montaigne, 37, Paris.

85 Lauretta de Bardi. — Florence. Commencement du 16me siècle.

BOURGOGNE (Pierre), villa Bramas, 3 bis, Sèvres.

86 Fleurs d'été.

BRAMA (Mme Gabrielle), rue Adélaïde-Perrin, 11, Lyon.

87 Vue prise à St-Paul-de-Varax (Ain).

BRELY (Auguste de la), place Bellecour 27, Lyon.

88 Portrait de Mme F.

BREST (Fabius), né à Marseille, élève de Emile Loubon, méd. Paris, 1864, rue de Douai, 52, Paris.

89 Entrée du Bosphore.

BRIELMAN (Jacques-Alfred), né à Paris, élève de Eugène Lavielle, rue de Chabrol, 16, Paris.

90 Fête du 14 juillet, vue du Boulevard de Strasbourg.

91 Le Moulin Perrot, à Guérard.

BRIFAUD (F.), rue de Flesselles, 12, Lyon.

92 Les Pigeons.

BRUCK-LAJOS (Louis), né en Hongrie, élève de M. Munkacsy, avenue Trudaine, 16, chez M. Eliot, Paris.

93 Une Italienne.

BRUNAUD (Lucien), né à Paris, élève de M. Gérome, rue Turbigo, 8, Paris.

94 Bois de Clamart fin janvier.

BRUNEAU (Charles), né à Angers (Maine-et-Loire), élève de M. Cabanel rue St-Rustique, 12, Montmartre, Paris.

95 Le Printemps. — Idyle

BRUYAS (Marc), place Sathonay, 5, Lyon.

96 Le Panier renversé. — Fleurs.

BRUYAS (Mlle A.), cours de Brosses, 62, Lyon.

97 Portrait de Mlle B. (dessin).

98 Béatrice Censi, d'après Le Guide (Porcelaine).

99 La vestale Angélika, d'après Kaufmann (Porcelaine).

BRUYÈRE, élève de l'École des Beaux-Arts de Lyon, rue des Capucins, 14, Lyon.

100 Paysage.

CALVÈS (Georges), né à Paris, avenue Trudaine, 16, chez M. Eliot, Paris.

101 Chevaux de trait par le brouillard.

102 Taureau au pâturage.

CALVINI (Giovani), né à Collé di Rodi (Italie), rue Grignan, 71, chez MM. Anglès et Thomas, Marseille.

103 Nature morte.

CARPENTIER (Evariste), né à Cuerne-lez-Courtrai (Belgique), élève de Dekeyser, boulevard de Clichy, 71, Paris.

104 La Veuve.

105 Le dimanche après midi.

CARRAND (Louis), rue des Remparts-d'Ainay, 7, Lyon.

106 Etude de mer. Prise à Toulon,

107 Effet du matin. Prise à St-Romain-au-Mont-d'Or.

CASSINELLI (Henri), Villa Louisa, aux Brunettes, Nice.

108 Coucher du soleil.

CASTAN (Gustave), né à Genève, élève de Calame, rue Charles Bonnet, 8, Genève.

109 Les Falaises de Villers-sur-mer. (Calvados).

CASTIGLIONE (Joseph), né à Naples (Italie), rue des Martyrs, 23, Paris.

110 Têtes d'étude de jeunes filles Italiennes.

111 La Pensive.

CAUCAUNIER (Denis), né à Paris, élève de Pils et Ballavoine, avenue de

Clichy, 82, Paris et rue des Dames, 5, à Asnières.

112 Une partie de Colin-Maillard.

113 Un coin d'office.

CHABRY (Léonce), méd., Paris. 1879, rue de Tivoli, 4, Bordeaux.

114 Les Chênes de Vulet. — Vieille forêt de Buch. (Automne).

CHAINE (Mme Joséphine), avenue de Noailles, 54, Lyon.

115 Portrait de Mlle X...

116 Portrait de Mme C.

CHAIX (Auguste), né à Lamure (Isère), rue Constantine, 15, chez M. Duperray, Lyon.

117 La Petite Rivière.

CHANTON (Baronne T. Lambert), née à Paris, élève de M. Bergeret, rue du Quatre-Septembre, 18, Paris.

118 Dans la cuisine.

CHANUT (Alfred), élève de M. Bonnat à Bourg (Ain).

119 Le bon Samaritain,

CHAPON (Justin), rue de Foy, 11, St-Etienne (Loire).

120 Portrait de Jules Janin (dessin).

CHARLES (Alfred-Constantin), né à St-Martin-les-Boulogne (Pas-de-Calais), élève de MM. Dumont et Bonnassieux, nouvelle route de Toulouse, n° 33, Limoges.

121 Buste du capitaine P. (terre cuite).

122 Amour offrant des raisins à un Faune. (Email).

123 Danseuse d'après Prudhon. (Email).

124 Danseuse d'après Prudhon. (Email).

CHARNAY-DULUAT (Mme Marie), née à Mâcon, élève de Mme Baudoin, rue des Feuillantines, 33, Paris.

125 L'Esclave, d'après Mme de Châtillon. (Porcelaine).

126 La Jeune Nourrice, (Porcelaine).

CHATAUD (Marc-Alfred), né à Marseille, élève de Loubon, passage Masséna, 5 bis, Neuilly-sur-Seine.

127 Intérieur mauresque. — Alger.

128 Femmes Kabyles à la fontaine.

CHATIGNY (Joanny), rue de Jarente, 11, Lyon.

129 Les Bergères de la Nuzière.

CHAUVET (Mlle M.), élève de Mme Girard-Condamin, Lyon.

130 Portrait du docteur C.

CHAUVIER de LEON (Georges-Ernest), né à Paris, élève de Loubon, rue St-Jacques, 39, Marseille.

131 Bords d'étang en Camargue.

132 Crépuscule en Camargue.

CHAVET (Victor), ✻, né à Aix (Provence), élève de Revoil et Roqueplan, hors concours, villa Linda, aux Paquis, Genève.

133 C'est lui, ma chère.

134 L'Attente.

CHAUDIER (Jean), cours Lafayette, 9, Lyon.

135 Portrait de Mme S.

CHEVALIER (Mlle Claire), née à Paris, élève de Mme de Cool, rue Bonaparte, 47, Paris.

136 Les Joueurs de boules, d'après Henri Regnault, (Email).

CHEVALLIER (Henri), rue Ste-Monique, 1, Lyon.

137 Bord d'étang, à Labergement de Varey. (Ain).

138 Masures à Rossillon (Ain).

CHEVRIER (Jules), ❄, place de Beaune, Chalon-sur-Saône.

139 Une Bonbonnière. — Nature morte.

CHOLIER (Mme Adèle), rue de Margnolles, 48, Lyon.

140 La maison du Tasse à Sorrente.

C. S. (Mme), Lyon.

141 Coquelicots. (Gouache).

CLÉMENT (Félix-Auguste), né à Donzère (Drôme), élève de Drolling et Picot, hors concours, rue de Sèvres, 137, Paris.

142 Circassienne au harem.

143 La Leçon de Sidhane. — Petites cymbale de bronze (Egypte).

COBLENTZ (Jules), né à Paris, élève de son père, rue des Lilas, 7 bis, Paris.

144 Diogène cherchant un homme, d'après Mazerolles (émail).

COCQUEREL (Olivierde), quai Pierre-Scize, 104, Lyon.

145 Saumon de la Loire.

146 Branche de Cerises.

COGEN (Félix), né à Saint-Nicola (Belgique), méd., Paris 1875, avenue d'Andergheim, 190, Bruxelles

147 Pêcheurs de Coxide (côtes de Flandre)

Coxide est un petit village de pêcheurs sur le côtes flamandes et le seul endroit où la pêche de crevettes se fait à cheval. C'est généralement la nui que se fait cette pêche.

COLLOMB-AGASSIS (Mme Louise) élève de Mlle Alliod, de M. et Mm Compte-Calix, place Morand, 16 Lyon.

148 A la mémoire vénérée de mon che Maître.

149 Portrait de Mme D.

CONTY (Antoine), quai St-Vincen 49, Lyon.

150 Un Amateur.

COQUET (Adolphe), quai de la Guillotière, 16, Lyon.

151 Décoration d'une voûte d'arête.

CORNILLON (Joannès), né à Lyon, élève de l'Ecole des Beaux-Arts de Lyon, rue Saint-Lazare, 9, Paris.

152 Fleurs, une Surprise.

COROENNE (Henri), né à Valenciennes, élève de Picot, deux mentions honorables, Paris, faubourg Poissonnière, 138, Paris.

153 Un Passage difficile.

154 Un Mendiant italien.

CORPET (Etienne), né à Paris, élève de M. Maisiat, rue de Charonne, 158, Paris.

155 Pavots et Camomille.

156 Roses.

COURAJOD (Alexis), né à Lyon, élève de M. Chatigny, rue d'Amsterdam, 77, Paris.

157 Le bon Samaritain.

COURTIN (Caroline), né à Paris, élève de M. Defaux, avenue Trudaine, 16, chez M. Eliot, Paris.

158 Un vieux Puits à Barbison.

158 *bis* Hêtre à Fontainebleau.

COUSTURIER (Césaire), élève de J.-S. Besson et de M. Faustin, rue du Collége, Dôle.

159 Le Vase brisé.

CREMONINI (Ludovic), né à Imola (Italie), rue de Jarente, 4, Lyon.

160 Portrait de M. S.

161 Portrait de Mme M. (dessin).

CURZON (Paul-Alfred de) ✻, né à Poitiers, élève de Droling et Cabat, hors concours, boulevard Suchet, 15, Paris.

162 Près d'un puits public à Amalfi (golfe de Salerne).

163 Vue prise près du port de Norni (Italie centrale).

CUYER (Edmond), élève de Bonnat, avenue Trudaine, 16, chez M. Eliot, Paris.

164 Le Mendiant.

DALBERT (Roger), rue d'Egypte, 1, Lyon.

165 Bateaux du Hâvre (aquarelle).

DAMERON (Emile), né à Paris, élève de M. Pelouse, avenue Trudaine, 16, chez M. Eliot, Paris.

166 Le Chemin du Bedeau.

167 Berger et son troupeau.

DARCHE (Joseph), quai de la Guillotière, Lyon.

168 Le Mont-Blanc, vu des Losnes du Rhône.

169 La Tour de Thol (fusain)

170 Portrait de M. F.-B. (médaillon plâtre).

DAUBEIL (Jules), né à Paris, élève de J.-P. Laurens, boulevard Montparnasse, 74, Paris.

171 Ravin dans les Ardennes.

DAUBIGNY (Karl), né à Paris, élève de son père, avenue Frochot, 15, Paris.

172 Les Bords de la Seine.

DAVID (Ernest), né à Caen (Calvados), rue Fontaine-St-Georges, 52, Paris.

173 Les Apprêts du repas.

DÉFAUX (Alexandre), né à Bercy, médaille Paris, 1874, 1875, avenue Trudaine, 16, chez M. Eliot, Paris.

174 Le Port de Pont-Aven.

175 La Porcherie.

DELIERRE (Auguste), né à Paris, élève de Cabat, rue Saint-Ferréol, 35, chez M. Verane fils, Marseille.

176 La Mendicité.

DELORME (Jean-André), élève de MM. Fabisch et Bonassieux, 2me grand prix de Rome, 1857, hors concours, rue du Regard, 10, Paris.

177 Mercure. — Statue marbre. (Donné à la Ville par le Gouvernement.)

DESCAMPS-SABOURET (Mlle Louisa), née à Paris, élève de M. Tony Robert-Fleury, rue de la Présentation, 11, Paris.

178 Raisins.

DÉTANGER (Germain), élève l'Ecole des Beaux-Arts de Lyon et de M. Guichard, rue des Remparts-d'Ainay, 16, Lyon.

179 Printemps.

180 Musique.

DÉTANGER (Pierre), élève de l'Ecole des Beaux-Arts de Lyon, et de M. Guichard.

181 Effet du soir à Mont-Dauphin (Hautes-Alpes). — Dessin à la plume.

182 Rue du Rhamadan, à Alger. — Dessin à la plume.

DEVILLY (Louis-Théodore), né à Metz (Moselle), élève de Maréchal, de Metz, et Paul Delaroche, hors concours, au Musée, Hôtel-de-Ville, Nancy.

183 Entrée d'un Café maure.

184 Le Désert, près Villiers, plage d'Houlgade (aquarelle).

185 Matin (Vosges), Soir, guignes près Beaugency (aquarelles).

DIDIER (Jean), élève de feu Perreaud, membre de l'Institut, rue de Béarn, 23, Lyon.

186 Buste de feu Hénon, ancien maire de Lyon (marbre appartenant à la ville de Lyon).

DOLARD (Camille), quai de l'Est, 15, Lyon.

187 Le repos après le dîner.

DOMPSURE (Gabriel de), né à Bourg (Ain), à Dompsure-lez-Coligny (Ain).

188 Novembre, dans la forêt de Fougemagne (aquarelle).

189 Soirée de décembre sur les bords du Solman (Ain), aquarelle.

DONZEL (Charles), né à Besançon, rue Notre-Dame-de-Lorette, 58, chez M. André, Paris.

190 Promenade sur l'eau.

DORNOIS (A.), rue de Lille, 50, Paris.

191 L'Arc de Titus, à Rome. — Cortége triomphal de Titus, avec des Juifs prisonniers, la table des pains, le chandelier à sept branches (fusain).

DUBOUCHET (Alexandre-Louis), né à Saint-Etienne (Loire), cité du Midi, 11, boulevard Clichy, 48, Paris.

192 Effet d'orage dans la plaine du Forez.

193 Sous les Pommiers.

Feu DUBOUCHET (Jean-François).

194 Terpsichore (gravure), d'après Baudry.

DUBREUIL (Mlle Marie), née à Domfront (Orne), élève de Chapelin, rue Trouson-du-Coudray, 3, Paris.

195 Espoir.

196 Le Capucin, d'après Simonetti (aquarelle).

DUBUCAND (Alfred), né à Paris, élève de Barye, médaille 3me classe, Paris 1879, rue Amelot, 136, Paris.

197 Cavalier égyptien (groupe bronze).

DUCARUGE (Léon), élève de Soulary, rue d'Isly, 3, St-Etienne (Loire).

198 Une Grève à Aurec (Haute-Loire).

199 Effet du Matin (fusain).

200 Effet du Soir (id.)

DUMOUTIER (Mme Madeleine, née Dubois), née à Paris, élève de M. Signol et Mlle Caille, rue de Montenotte, aux Ternes, Paris.

201 Les premiers liens, d'après Chapelin (porcelaine).

DUPONT (Mlle Julie), née à Pontoise

(Seine-et-Oise), élève de M. Desforges et de Mme de Cool, rue Pirouette, 5, Halles centrales, Paris.

202 Jeunes Bohémiennes, d'après Bouguereau (porcelaine).

DUSSIEUX (Mlle Stéphanie), née à Versailles, élève de MM. Pallandre et Guiacomelli, rue de Potager, 1 bis, Versailles.

203 Chrysanthèmes au jardin.

EBNER (Louis), né en Hongrie, élève de M. Munkacsy, avenue Trudaine, 16, chez M. Eliot, Paris.

204 Une Emigrée.

205 Pauvre Fille.

ENAULT (Mme Alix-Louis), élève de Florent Willems, rue Taitbout, 80, Paris.

206 Souvenir.

207 Mignon.

FABISCH (Joseph), hors concours, rue Vaubecour, 1, Lyon.

208 Modèle, face et revers, d'une médaille pour la Société de Géographie de Lyon.

FAULCON (Mme Adèle), place de la Miséricorde, 5, chez M. Vidier, Lyon.

209 Fleurs Soucis (Etude).

FERRAND (Ennemond), né à Lyon, élève de MM. Reignier et Joseph Blanc, rue Bleue, 15, Paris.

210 Bouclier de Henry II. — Casque de Charles IX.—Epée de Charlemagne.

FLANDRIN (Paul) ✻, né à Lyon, élève de l'Ecole des Beaux-Arts de

Lyon et de Ingres, hors concours, rue Garancière, 10, Paris.

211 Au bord de l'Albarine (Ain).

FLESCH (Livador), né en Hongrie, avenue Trudaine, 16, chez M. Eliot, Paris.

212 Maudite chanterelle.

FLICK (Auguste-Emile), élève de M. Meissonnier, boulevard Pereire sud, Les Ternes, Paris.

213 Entrée de forêt au mois de novembre.

FOLOPPE (Jules), né à Champosoult (Orne), élève de MM. Kuwasseg et Anastasi, rue Nollet, 68, Paris.

214 Aux Boules d'or. — Cour d'auberge en Normandie.

FONTENAY (Alexis de), né à Paris, élève de MM. Vatelet et Hersent, hors concours, quai du Louvre, 8, Paris.

215 La côte d'Honfleur et l'embouchure de la Seine.

216 Vue prise en Normandie.

FONVILLE (Horace), né à Lyon, à Bourg (Ain).

217 Sortie du Ganseau d'Appregnin St-Sulpice-les-Paroisses.
(App. à M. A.-R.).

FOURNIER (Emile), élève de l'Ecole des Beaux-Arts de Lyon, Givors (Rhône).

218 Portrait de Mme A. F. (médaillon plâtre).

FRAISSINET (Ernest), né à Marseille, rue Sylvabelle, 100, Marseille.

219 Bords de l'Arroux, à Etang (Saône-et-Loire).

FRAPPA (José), né à St-Etienne (Loire), élève de l'Ecole des Beaux-Arts de Lyon et de M. P.-C. Comte, mention honorable, Paris, 1880, avenue de Villiers, 71, Paris.

220 Le chapitre XXI.

FRÈRE (Charles-Edouard), né à Paris, élève de MM. Couture et Ed. Frère, boulevard Clichy, 11, Paris.

221 L'auberge aux baudets.

FROMENT (Eugène) ❄, né à Paris, élève de Amaury-Duval, hors concours, rue Notre-Dame-des-Champs, n° 83 bis, Paris.

222 Six dessins dans un cadre.

Apollon prisonnier, — Méduse, — Apollon mendiant, — Excelsior, — Sagethe tuæ et... — Dieu sèchera ce.....

223 Hiver (porcelaine).

GARDOT (Jules), né à Toulouse, rue St-Denis, 61, St-Etienne (Loire).

224 Un village de Pêcheurs (Gard).

225 Tête d'étude.

GARNIER (Pierre), élève de M. Reignier, rue St-Denis, 24, Lyon.

226 Fleurs.

227 Fleurs et Fruits.

GARRONE (Mme J.), quai St-Vincent, nº 43, Lyon.

228 Portrait de Mme ***

229 Portrait de Mlle C.

GEISSER (Jh), à Lausanne (Suisse).

230 Le grand Combin et le lac Champey-Valais.

231 Le Glacier de Fex (Haute-Engadine), Suisse.

GÉRARD (Théodore), rue Gallait, 40, Bruxelles.

232 Un futur Premier prix.

233 Défense de sortir.

GILBERT (Victor), né à Paris, élève de MM. Brisson et Levasseur, méd. Paris 1880, avenue Trudaine, 16, chez M. Eliot, Paris.

234 Coquetterie.

235 Le coup de l'étrier.

GIRARD-CONDAMIN (Mme Jeanne), place des Célestins, 5, Lyon.

236 Portrait de Mlle ***.

237 Loin du pays.

GIRARD (St-Jean), élève de M. Scohy, rue Cuvier, 19, Lyon.

238 Tête d'étude.

« Elle était tout contraste en son corps, en son âme
« Sur un buste d'enfant une tête de femme,
« La nuque relevée appelait le baiser,
« Mais l'épaule, hésitant, murmurait : Attendez. »
Inédit (*Anonyme*).

GIRARD (Auguste), élève de l'Ecole des Beaux-Arts de Lyon, 2, rue d'Oran, Lyon.

239 Raisins.

GIRARDET (Mlle), élève de M. Guichard, montée du Chemin-Neuf, 35, Lyon.

240 Portrait.

GIRARDET (Henri), né à Brientz (Suisse), élève de son père et de Wachsmuth, rue Notre-Dame-des-Champs, 53, Paris.

241 L'Invalide jardinier.

GIRARDON (Pierre-Gustave), quai des Brotteaux, 5, Lyon.

242 Quai du Vieux-Port, à Marseille (aquarelle).

243 Environs de Marseille (aquarelle).

GIRIN (David), élève de l'Ecole des Beaux-Arts de Lyon, quai de Bondy, n° 8, Lyon.

244 La lettre inattendue.

GIRIER (Saint-Cyr), rue St-Georges, n° 122, Lyon.

245 La Roche noire.

246 Effet du soir.

GIROD (Charles-Elie), élève de M. Drake, rue Malouet, Riom (Puy-de-Dôme).

247 Bouvreuil et Pie.

GOBBI (Henri), rue Académie-Albertine des Beaux-Arts, Turin.

248 Rosita.

GORSE (André), né à Pau, élève de son père, rue Nouvelle-Halle, 2, Pau.

249 Le Gave à Bizanos (Basses-Pyrénées).

GOUVION-SAINT-CYR (Henri de), né à Paris, élève de M. Leloir, rue Poncelet, 26, Paris.

250 Ophélie.

GRAVILLON (Arthur de), élève de M. Fabisch, rue Blanche, 21, Paris.

251 L'Enfant prodigue. — Je me lèverai et j'irai vers mon père. (Plâtre.)

252 Fortunata. — Etude. (Plâtre.)

253 Buste de Mme Lacène, à 101 ans. (Plâtre.)

254 Buste de M. F. (Plâtre.)

255 Buste de M. M. (Plâtre.)

256 Buste de M. Barillot, passeur au bac

de Vernaison. Ayant fait 14 sauvetages. (Plâtre.)

GRUYÈRE (Mme Eugénie), née à Grenoble, élève de M. Blanc Fontaine, à Sassenage.

257 Limonade.

GUEDY (Louis), né à Grenoble, élève d'Yvon, rue du Dragon, 18, Paris.

258 Les derniers Lauriers.

GUERARD (Amédée), né à Sens (Yonne), élève de Picot, rue Colaincourt, 7, Paris.

259 Compliment à la Grand'Mère.

GUERY (Armand), né à Reims, élève de M. A. Vigan, rue de Charleville, 5, Reims.

260 Bords de la Vesle. — Environs de Reims.

GUETAL (Laurent), né à Vienne (Isère), au Rondeau, Grenoble.

261 Broussailles des bords du Drac.

GUEYTON (Emile-Marc), élève de MM. Lombard et Felon, Tournon (Ardèche), à Lyon, chez M. Dusserre, place des Terreaux, 25.

262 Portrait de Mme J.-M.

263 Portrait de M. E.-G. (dessin).

GUDIN (Mlle Herminie), élève de son père, rue Notre-Dame de Lorette, 58, chez M. André, Paris.

264 Effet du Matin par un brouillard.

265 Effet de Lune.

GUILLON (Adolphe), né à Paris, élève de Hippolyte Flandrin et de M. Detouche, méd., Paris, 1880, avenue Trudaine, 16, chez M. Eliot, Paris.

266 Un Abreuvoir. (Aquarelle.)

267 Les Dunes. (Aquarelle.)

268 Vaches au bord d'un ruisseau. (Aquarelle.)

GUSTINI, place Bellecour, 33, Lyon.

269 Portrait de M. le docteur Valette. (Médaillon plâtre).

GUY Louis, né à Lyon, quai de Retz, 14, Lyon.

270 Vue de Châtillonnet près Belley (Ain).

271 Recollet en voyage. (Sculpture. — Cire.)

GUYARD (Mlle Alice), rue Ste-Hélène, 24, Lyon.

272 Miniatures.

HAREUX (Ernest), né à Paris, élève de MM. Busson, Bin, Trottin, Pelouse et Levasseur, méd., Paris, 1880, avenue Trudaine, 16, chez M. Eliot, Paris.

273 Le Fossé de la digue blanche.

274 Les Fraises.

HEMMERLÉ (Mme), place Sathonay, 4, Lyon.

275 Portrait.

HENNER (Jean-Jacques), O. ✻, élève de Drolling et Picot, hors concours, place Pigalle, 11, Paris.

276 Prière.

HERVIER (Aubin), né à St-Chamond (Loire), élève de l'Ecole des Beaux-Arts de Lyon, et de M. J.-P. Laurens, rue de Madame, 49, Paris.

277 Marguerite de Cortone devant le cadavre de son amant.

« La violence de la douleur la rappela à elle, et « on conçoit quelle tristesse elle éprouva en con- « templant ce corps inanimé.... Ce fut le point de « départ de sa conversion. (Vie de Ste-Marguerite « de Cortone.) »

HILLEMACHER (E.-Ernest), , né à Paris, élève de Léon Cogniet (hors concours), rue Lafayette, 126, Paris.

278 Tarpeïa.

« Elle consent à conduire les Sabins dans la cita- « delle de Rome, et, pour prix de sa trahison, elle « demande ce qu'ils portent au bras gauche. »

HIRSCH (Alexandre-Auguste), né à Lyon, élève de Hippolyte Flandrin et Gleyre, rue Notre-Dame des Champs, 73, Paris.

279 Fille de Tanger. — Maroc.

HUE. Paris.

280 As-tu déjeuné ? Jacquot.

HUMBERT-SOULARY (Mlle Emilie), élève de M. Guichard, rue des Gloriettes, 31, Lyon.

281 Portrait.

HUSTIN (L.-A.), né à Aspres (Nord), élève de Vély, rue Maubeuge, 29, Paris.

282 L'Eglise de Criquebœuf (Calvados).

283 Barque abandonnée, à Andresy (Seine-et-Oise.)

JAMARD (Mlle Pauline), place St-Pierre, 19, Liège.

284 Accessoires et Primevères

JANCE (Paul), élève de l'Ecole des Beaux-Arts de Lyon et de Gleyre, à Nuits (Côte-d'Or) ; à Lyon, chez M. Duperray, rue Constantine, 15.

285 Pivoines et Lilas.

286 Anémones du Japon.

JEAN (Georges), né à Paris, élève de M. Maillart, rue du Cygne, 17, Paris.

287 Lansquenet. (Email.)

288 Louis XIII enfant. (Email.)

J.-M. Lyon.

289 Portrait de M. X.-G. (Projet de faïence émaillée.)

JOUAVILLE (Pierre), né à Metz, élève de Léon Cogniet, Sery-sur-Yonne et rue St-Georges, 54, Paris.

290 Une rencontre au bord de la source dans les Indes.

JOURDAN (Théodore), né à Salon, élève de Loubon, rue de la Bibliothèque, 18, Marseille.

291 Intérieur de bergerie.

292 Moutons sur la colline.

JOURDEUIL (Adrien), né à St-Petersbourg, de parents français, élève de l'Ecole des Beaux-Arts de Lyon et de M. Bonnat, passage Saulnier, 6, Paris.

293 Armes orientales.

294 Provisions de carême.

JUBIEN (Louis), rue Malesherbes, 13, Lyon.

295 Une rue de la ville d'Anse (Rhône.)

KARCHER (Gustave), avenue de Saxe, 108, Lyon.

296 Sur Le Fierle. — Artemare (Ain.)

297 Etang de Varax. (Ain.)

KEELOFF (François), né à Neerhaeren

(Belgique), élève de l'Académie royale d'Anvers, chaussée d'Ixelles, 1, Bruxelles.

298 Bouleaux en campine.

299 Village de Neerhaeren, Limbour belge.

KEYMEULEN (Henri), né à Bruxelles, avenue de la Reine, 374 et 376, Lacken-lez-Bruxelles.

300 Bois du Chamois (Ardennes.)

301 Site dans le Campinaire.

KOCH (Mlle Elisa), née à Livourne (Italie), élève de MM. Janmot et Charles Comte, boulevard de Clichy, 36, Paris.

302 Portrait.

303 Etude.

LA BOULAYE (Paul de), né à Bourg (Ain), méd. de 3me classe, Paris,

1879, élève de M. Bonnat, rue de Douai, 69, Paris.

304 Les Marchandes de volailles en Bresse.

LACAZETTE (Mlle Amélie), née à la Havane de parents français, élève d'Ange Tissier, de MM. Ernest Girard, Carolus Durand et Henner, boulevard Haussmann, 159, Paris.

305 Fleurs et roman.

« Ce roman, à tel point captive l'imprudente
« Qu'elle a tout oublié, jusqu'à sa pauvre plante.»

LACHAPELLE, place des Capucins, 3, Lyon.

306 Nature morte.

LACROIX (Claudius), rue Terme, 21, Lyon.

307 Roses variées.

LAFOND (J.-M.-Paul), né à Rouen, rue

du Lycée, 6, Pau, à Paris, rue Neuve-des-Petits-Champs, 15, chez M. Marchand.

308 Paysage d'hiver. — Environs de Pau (fusain).

309 Béarn. — Albigeois (lavis).

LAMOTTE (Achille), né à Bruxelles, rue de Namur, 36, Bruxelles.

310 Vue prise près de Gand sur l'Escaut.

311 Vue prise près d'Ostende.

LANDELLE (Charles), ✻, né à Laval, élève de Paul Delaroche, hors concours, quai Voltaire, 21, Paris.

312 L'Ange de la pureté.

313 Vénitienne.

LANDRÉ (Mlle Louise-Amélie), née à Paris, élève de MM. Chaplin et Barrias, quai Jemmapes, 4, Paris.

314 Femme de 1810.

315 L'attente.

LANFANT DE METZ, né à Metz, avenue Trudaine, 16, chez M. Eliot, Paris.

316 Représentation au château.

317 Spectacle gratis.

LANSYER (Emmanuel), né à l'Isle-de-Bouin (Vendée), élève de Violet-le-Duc, Courbet et M. Harpignies, hors concours, quai Bourbon, 29, Paris.

318 Entrée du village de Donville (Manche).

319 La mer à Granville (Manche).

LAPLANCHE (Joseph), élève de l'Ecole des Beaux-Arts de Lyon, lauréat du prix de Paris 1880, cours de Brosses, 17, Lyon.

320 Portrait de Mlle X...

LAROCHENOIRE (Charles-Julien de), né au Hâvre, élève de Troyon et Corot, rue St-Ferréol, 35, chez M. Verannes fils, Marseille.

321 Vaches au pâturage.

LAURENS (Jules-Joseph-Auguste), ✻, né à Carpentras (Vaucluse), élève de J.-B. Laurens son frère, hors concours, rue d'Assas, 128 bis, Paris.

322 Temple antique de Vernègue (Bouches-du-Rhône).

323 Chrysanthèmes.

324 Portrait de Mlle X... (dessin).

LA VILLETTE (Mme Elodie) à Lorient (Morbihan).

325 Effet de Brouillard à Yport.

326 Effet de Soleil à Lomeur.

LECOMTE-CHERPIN (Mme Alexina), rue Gentil, 11, Lyon.

327 Vase de Roses.

328 Premières fleurs de Printemps.

329 Roses Provins panachées (gouache).

LECREUX (Jules), né à St-Quentin (Aisne), élève de MM. Butin et Vely, faubourg St-Denis, 130, Paris.

330 Jeune Page.

331 Un Breton centenaire.

LEGER-CHERELLE, né à Paris, avenue Trudaine, 16, chez M. Eliot, Paris.

332 Le Larron puni (aquarelle).

LEGRAND (Alexandre), né à Paris, élève de Léon Cogniet, quai Bourbon, 15, Paris.

333 La Fontaine de cuivre.

LEGRAS (Auguste), né à Périgueux (Dordogne), élève de l'École des Beaux-Arts de Lyon et de Ary Scheffer, méd. Paris, 1857, rue Fontaine-St-Georges, 34, Paris.

334 Nature morte.

LELEUX (Armand), ❋, né à Paris, élève d'Ingres, hors concours, rue Pierre-Sarrazin, 9, Paris.

335 Le Charron.

336 Servante Italienne.

LELEUX (Mme Armand-Emilie), née à Genève, mention honorable, Paris 1880, rue Pierre-Sarrazin, 9, Paris

337 Confidence.

LELEUX (Adolphe), ❋, né à Paris hors concours, rue Bonaparte, 22 Paris.

338 Chasseurs et Rabatteurs.

339 Les Bébés.

LE SAGE (Mlle Gabrielle), née à Paris, rue des Martyrs, 72 *bis*, Paris.

340 Tête d'étude (faïence).

LERAY (Mme Claire), née à Paris, élève de M. Rivoire, rue de Châteaudun, 22, Paris.

341 Azalées (gouache).

LE SUEUR (Mlle Claire), élève de Mme de Cool et de M. Soyer, rue de Maubeuge, 102, Paris.

342 Le Salut militaire (porcelaine).

343 Charles IX (émail).

LE SUEUR (Mlle Gabrielle), née à Janville (Eure-et-Loire), élève de Mme de Cool et de M. Soyer, rue de Maubeuge, 102, Paris.

344 La Madeleine (émail).

LÉVIGNE (Théodore), élève de l'Ecole des Beaux-Arts de Lyon et de M. Cabanel, rue de la République, 15 Lyon.

345 Départ pour les champs.

LOBRICHON (Timoléon), né à Cornad (Jura), élève de Picot, mentions honorables, Paris, 1859, 1861, 1863, méd. 1868, rue de la Victoire, 64, Paris.

346 Il faut autant qu'on peut obliger tout le monde. (App. à M. C.)

347 On a souvent besoin d'un plus petit que soi. (App. à M. C.)

LOMBARD (Louis-Auguste), rue des Remparts-d'Ainay, 22, Lyon.

348 Une rue à Billam (Puy-de-Dôme).

LORILLON (Jules-Paulin), né à Paris, élève de M. A. Sauzay, boulevard de Magenta, 72, Paris.

349 Tête de jeune fille (étude).

LOUBET (Jean-Louis), élève de Gleyre, rue Ferrandière, 30, Lyon.

350 Portrait de Mme X.

351 Etude. (App. à M. le docteur Léon Tripier.)

LUMINAIS (Evariste), ✱, né à Nantes, hors concours, rue de Laval, 26, Paris.

352 Mort de Chram, fils de Clotaire.

« Chram après s'être révolté plusieurs fois contre « son père fut, sur les ordres de celui-ci, lié sur un « banc, étranglé, puis brûlé avec ses femmes et ses « filles dans une chaumière à laquelle on mit le feu.

353 Gaulois blessé

LUQUET (Pierre), né à Mâcon, élève

de M. Laurain, rue de l'Obélisque, 8, Chalon-sur-Saône.

354 Portrait de M. L. L.

MACAIGNE (Mlle Lucie), née à Argenteuil (Seine-et-Oise), élève de Mme de Cool, rue Jean-Jacques-Rousseau, 28, Paris.

355 Portrait de M. Thiers d'après Bonnat (miniature).

MAGAUD (Mlle Marie), née à Marseille, élève de M. Antoine Magaud, rue de la Bibliothèque, 1, Marseille.

356 Jeune paysanne des environs de Marseille.

MAGNIN (Lucien), place des Cordeliers, 8, Lyon.

357 Reliure mosaïque. — Genre Grolier.

MALFROY (Charles), élève de l'Ecole

des Beaux-Arts de Lyon, montée du Gourguillon, 28, Lyon.

358 Les bords de l'étang de Berre (Bouches-du-Rhône).

MALPERTUY (Auguste), rue de la Bombarde, 13, Lyon.

359 Fleurs.

360 Plantes.

MANIQUET (Marius), rue de l'Arbre-Sec, 36, Lyon.

361 Vallée d'Aptevoz.

362 Mare à Rossillon.

MARTIN (Jacques), rue Magenta, 16, Villeurbanne, près Lyon.

363 Fruits. — Cerises.

MATANIA, à Naples (Italie), à Lyon, rue Gasparin, 8, chez M. Vincent.

364 Repos au bord de la mer (environs de Naples.

MATHELIN (Jean), né à Saint-Marcel-de-Féline (Loire), élève de Foyatier, rue Sainte-Hélène, 33, Lyon.

365 Portrait de M. Berthelier, artiste comique (buste marbre).

MATIFAS (Louis), né à Amiens, élève de M. Vallon, avenue Trudaine, 16, chez M. Eliot, Paris.

366 Maison solitaire.

MAURIN (Charles), né au Puy, élève de Yvon, boulevard Saint-Germain, 196, Paris.

367 Portrait de M. P.

MAZERAN (Alexandre), né à Lyon, élève de l'Ecole des Beaux-Arts de Lyon, de MM. Chaine et E. Froment, rue Notre-Dame-des-Champs, 83, Paris, à Lyon, chez M. Mazeran, rue Gasparin, 29.

368 Portrait de M. M.

MÉDARD (Jules), élève de M. Reignier, rue Champier, 9, Lyon.

369 Coquilles et Camélias.

370 Pivoines et Aubépines.

MERCIER (Mlle Louise), née à Paris, élève de son père et de M. Jules Lefebvre, rue de Seine, 27, Paris.

371 L'Accompagnateur.

MERTENS (Mlle Fernande de), née à Bruxelles, élève de MM. Magarret et Tony-Robert Fleury, boulevard Notre-Dame, 66, Marseille.

372 Mélancolie.

373 Tête d'étude.

374 Un Souvenir (fusain).

MICHAUD (Joseph), quai Pierre-Scize, 76, Lyon.

375 Souvenir de Viterbe.

376 Souvenir de la Valbonne.

MICHEL (François-Emile), né à Metz, élève de MM. Maréchal et Migette, méd. Paris 1868, avenue de l'Observatoire, 9, Paris.

377 Un étang (Meuse).

MICHEL (Mlle Virginie-Désirée), élève de Fleury Chenu, rue de la Loge, 2, Lyon.

378 Vue prise à Vauf, dans le Haut-Bugey, commune de Cormaranche (Ain). — Effet de neige.

MICIOL (Pierre), né à Lyon, grand prix de Rome, 1860, quai Pierre-Scize, 76, Lyon.

379 Le Tireur d'arc.

380 Carmen (tête d'étude).

MIOT (René), né à Langres (Haute-Marne), rue de l'Homme-Sauvage, 6, Langres.

381 Nature morte.

MITTEY (Joseph), né à Vix (Côte-d'Or), école des Arts industriels, Genève.

382 Le Retour du Jardin.

MOCQUART (Mlle Jeanne), née à Paris, élève de Mme de Cool, rue Coquillière, 25, Paris.

383 Jeune Fille se défendant contre l'Amour, d'après Bouguereau (porcelaine).

MOISSONNIER (Mlle Julie), née à Gray (Haute-Saône), élève de M. Jules Médard, place de la Charité, 5, Lyon.

384 Fleurs.

385 Fleurs (gouache).

MONFALET (Adolphe-François), né à Bordeaux, élève de Yvon, rue Neuve-des-Petits-Champs, 95, Paris.

386 Le Cuisinier.

387 L'Eplucheur de légumes.

MONNIER (A.-G.), né à Paris, avenue Trudaine, 16, chez M. Eliot, Paris.

388 Le Perroquet.

389 Le Messager.

MOREL DE VOLEINE (Irénée), élève de M. Chatigny, rue de la Charité, 30, Lyon

390 Le Puits.

MOUTTE (Alphonse), rue Sylvabelle, 110, Marseille.

391 Les anciens Catalans (environs de Marseille.

392 Liseur. — Louis XV.

MOYSE (Edouard), né à Nancy, élève de Drölling, mention honorable, Paris 1879, rue du Parc-Royal, 12 (Marais), Paris.

393 Moine jouant du violoncelle.

NAEGER (Charles de), rue du Méridien, 15, Anvers.

394 Fleurs et Accessoires.

NODE (Victor), né à Montpellier, élève de M. Ch. Node, son père, faubourg Boutonnet, 4, Montpellier.

395 Bords du Vidourle (Gard).

396 Le Vidourle, près Quissac (Gard).

ODILON (Frère), né à Chanac (Lozère), Paradis, près le Puy (Haute-Loire), à Lyon, cours des Chartreux, 1.

397 Le Nid du rossignol.

OLIVIER (Mlle Sophie), élève de M. et Mme Chaine, rue Molière, 5, Lyon.

398 Portrait de Mlle K.

399 Portrait de M. X.

ORTMANS (François-Auguste), né à Paris, élève de Diaz et Rousseau, rue St-Méry, 80, Paris.

400 Effet d'orage. -- Forêt de Fontainebleau.

401 Intérieur de forêt. — Fontainebleau. — Automne.

OUVRIER (Tony), élève de l'Ecole des Beaux-Arts de Lyon, rue de Vendôme, 159, Lyon.

402 Raisin de pays.

PAGNY Etienne), né à Lyon, élève de l'Ecole des Beaux-Arts de Lyon et de G. Bonnet, avenue de Saxe, no 199, Lyon.

403 Buste de M. G. (marbre).

404 Buste de Louisa Siéfert (marbre), commandé par la ville pour le musée. — Galerie des célébrités lyonnaises.

405 Buste de feu Lortet (marbre), commandé par la ville pour le musée. — Galerie des célébrités lyonnaises.

406 Buste de M. N.-R. (bronze).

407 Portrait de M. Godard, aéronaute (médaillon terre cuite).

PARMANTIER (Mlle Amélie), née à Paris, élève de Mme Baudouin, rue Linnée, 8, Paris.

408 Départ du Torero, d'après M. Rougeron (porcelaine).

PASCAL (Lucien), né à Nîmes, élève de Jules Vast, avenue de Saxe, 183 et rue Barrier, 4, Lyon.

409 *Vir dolorum* (bas-relief), tympan pour une église du département du Rhône. — Modèle à moitié d'exécution pour la pierre.

410 Maquette d'un projet de buste en marbre de F.-V. Raspail, pour la ville de Lyon.

411 Buste de la R. F. — Original en plâtre pour la commune de D.

PAYEN (Ennemond), né à Lyon, élève de MM. Monginot et Bastien Lepage, rue d'Assas, 84, Paris.

412 Le mariage mystique *in extremis*.

PÉCRUS (François-Charles), né à Limoges (Haute-Vienne), rue Fontaine-St-Georges, 42, Paris.

413 Un Parlementaire.

PEIXOTTO (George), né à Cleveland-Ohio (Etats-Unis), élève de l'Académie royale de Dresde, place de la Bourse, 2, Lyon.

414 Etude.
415 Etude.

PELOUSE (Louis-Germain) ✻, né à Pierrelaye (Seine-et-Oise), hors concours, à Cernay-la-Ville (Seine-et-Oise).

416 Chaumière à Batilly (Orne).
417 Les bords de l'Orne, à Mesnil-Glaize (Orne).

PENNE (Charles-Olivier de), né à Paris, élève de Léon Cogniet et de Charles Jacque, méd. 3e classe, Paris 1875, rue Laffitte, 10, chez M Beugniet, Paris.

418 Relai de Fox-Hounds.

419 Chiens de Vendée et Skys.

PERRACHON (André), chemin de Francheville, 62, St-Irénée, Lyon.

420 La Coquette. — Roses.

421 Roses.

PERRET (Aimé), né à Lyon, élève de l'Ecole des Beaux-Arts de Lyon et de M. Vollon, méd. Paris 1877, à Bois-le-Roi (Seine-et-Marne).

422 Halte au bureau de tabac.

PERRET (Charles), élève de l'Ecole des Beaux-Arts de Lyon, rue Ferrandière, 52, Lyon.

423 Fleurs dans un vase.

PERRIN (Gabriel), né à Lyon, élève de M. Reignier, foubourg Poissonnière, 57, Paris.

424 Nouvelles Fleurs.

PETRUS-MARTIN (Jean-François), né à Bellac (Haute-Vienne), rue Thiboumery, 7, Paris.

425 Portrait de Mlle X.

PHILIPSEN (Victor), rue Part-Dieu, 84, Lyon.

427 La Plage et le Vieux Phare à Saint-Sébastien (Espagne).

428 Les Rochers du Pas-Rouclé. — Près la Rochelle.

PICKERING (J.-L.), rue de Paris, 12, Autun (Saône-et-Loire).

429 Paysage.

PINCHARD, né à Genève. Paris.

430 Visite à la Nourrice.

PIZETTA (Claudius), rue Tramassac, 54, Lyon.

431 Corbeille de fruits sur un meuble gothique.

POIZAT (Alfred), rue de l'Hôtel-de-Ville, 68, Lyon.

432 Souvenir d'Alger. — Rue de la Casbah.

PUYROCHE-WAGNER (Mme).

432 *bis* Groupe de Fruits.

432 *ter* Nénuphars.

QUINET (Charles), né à Paris. rue Vieille-du-Temple, 64, Paris.

433 Bords de la Seine à Port-Marly.

RAMBAUD (Jean-Baptiste), rue de l'Aire, Tournon (Ardèche)

434 Portrait de M. C. F.

RAPP (Joseph), né à Chessy-les-

Mines (Rhône), élève de l'Ecole des Beaux-Arts de Lyon, à Brunoy-Bosserons, près Paris.

435 Le Jour de l'An de Marthe.

436 Un déjeuner frugal.

437 Salade d'oranges.

« Ce tableau a été gagné au tirage de 1880 par le « billet d'un franc 1004-44. Dans le cas où il ne « serait pas réclamé dans le courant de l'exposition, « il fera partie du tirage de 1881. »

RAVEL (Jules), né à Paris, élève de Léon Cogniet, rue de Lisbonne, 66, Paris.

438 Un Moine.

RAYNAUD (Auguste), né à Lyon, élève de MM. Danguin et Clément, boulevard Montparnasse, 81, Paris.

439 Portrait de M. A. M.

440 Nazeram arrosant ses fleurs.

REGNAULT (Emile), né à Lons-le-Saunier (Jura), élève de Pasini, à Nevy-sur-Seille (Jura).

441 Souvenir du Caire.

REIGNIER (Jean), ❄, hors concours, Palais des Arts, Lyon.

442 La fenêtre de ma voisine le jour de sa Fête.

REITHOFER (P.), rue Centrale, 32, Lyon.

443 Chez la Mère Guy, à Lyon (dessin à la plume).

444 Berges de la Saône (dessin à la plume).

445 Colline de Fourvière, vue prise du boulevard des Chartreux (dessin à la plume).

RENAUD (Mme Andréa), élève de M Chatigny, rue de Jarente, 11, Lyon

446 Petite italienne.

RENAULT DES GRAVIERS (Jacques-Victor), né à Fontenay-le-Fleury (Seine-et-Oise), élève de MM. Wachsmuth et H. Vernet, rue Notre-Dame-de-Lorette, 58, chez M. André, à Paris.

147 Course de Taureaux à Arles.

REUMAUX (Mme Amélie), née à Metz, élève de son grand-père, M. Hussenot, route de Melun, à Fontainebleau.

148 Le meilleur des Baisers.

REYNAUD (François), méd. Paris, 1867, rue de Douai, 65, Paris.

149 Les Laveuses.

RICHOMME (Jules), ✱, né à Paris, élève de Drolling, hors concours, cité Pigalle, 5, Paris.

150 Bonjour grand-père.

151 Bords de l'Epte)Eure.)

RIGON (A.), né à Mornant, élève de Rudder, boulevard de la Promenade, à Reims, à Lyon, chez M. Guillot, rue de la République, 3.

452 Le Dimanche au Castel. — Venise.

453 Barque de pêche à la bouée. — Venise.

RIVEY (Arsène), né à Caen, élève de M. Bonnat, méd. 3me classe, Paris, 1880, rue Bochard-de-Sarou, 9 Paris.

454 Huguenot.

455 Jeune italienne.

RIVOIRE (François), né à Lyon, élèv de M. Reignier, rue des Martyrs, 2(Paris.

456 Chrysanthèmes (aquarelle).

457 Roses (aquarelle), appartenant à M. M

RIXENS (Jean-André), né à Saint-Gaudens, élève de Gérome, méd., Paris 1876, rue du Cherche-Midi, 102, Paris.

8 Tête de jeune Béarnaise.

ROBERT (Mlle E.), rue de Bourbon, 31, Lyon.

9 Oiseaux et Fleurs, éventail (aquarelle).

ROBIN (Louis), né à Villefranche (Rhône), élève de Gérome et Guichard, rue Oudinot, 23, Paris.

0 Le Soldat de Marathon.

ROBIN (Mlle Marie), élève de l'Ecole municipale de Dessin du quai Saint-Antoine, Lyon.

1 Bouquet de Roses (gouache).

ROFFIAEN (François), né à Ypres,

élève de Calame, rue Godecharle, 16, Ixelles-Bruxelles.

462 Vue prise à Beaufort, grand duché du Luxembourg.

ROHR (Willem), Académie des Beaux-Arts, à Kœnigsberg, à Lyon, rue de l'Hôtel-de-Ville, chez M. Rittmannsperger.

463 Gravure d'après Téniers.

464 Gravure d'après Brouwer.

ROMAN (Ernest), quai Saint-Clair, 1, Lyon.

465 Le Port de Royan (Charente-Inférieure).

466 Au bord de la Mer.

RONGIER (Mlle Jeanne), née à Mâcon, élève de MM. Harpignies et Luminais, avenue Trudaine, 16, chez M. Eliot, Paris.

467 L'Eau bénite.

468 Le dernier Verre.

469 Le Parc Monceau (aquarelle).

RONNER (Mme Henriette), née à Amsterdam, chaussée de Vleurgat, 51, Bruxelles.

470 Les jeunes Musiciens.

RONNER (Mlle Henriette-Alice), née à Bruxelles, élève de Mme Ronner, chaussée de Vleurgat, 51, Bruxelles.

471 Nature morte.

RONNER (Alfred), né à Bruxelles, chaussée de Vleurgat, 51, Bruxelles.

472 La dernière Ressource.

ROUGET (Mme Emilie-Caroline), née à Paris, élève de Mme de Cool, rue Vercingétorix, 42, Paris.

473 La Vérité, d'après Lefebvre (porcelaine).

474 Les deux Amis, d'après Caraud (porcelaine).

475 Portrait de M. A. T. (porcelaine).

ROULLIER (Henri-Christian), né à Lyon, élève de M. Gérome, rue de Tilsitt, 16, Paris.

476 Bords de la Loire, à Saint-Nizier sous Charlieu.

ROUSSIN (Victor-Marie), né à Quimper (Finistère), élève de M. Luminais, à Kéraval près Quimper.

477 Un Repas de noces en Bretagne.

478 Petits Vendeurs de légumes.

ROUSSY (Toussaint), né à Cette (Hérault), rue Voltaire, Cette.

479 Lou Villounaïré.

480 Lou Bouteillou.

ROZIER (Jules), né à Paris, place de l'Orangerie, 8, Versailles

481 Les Blainvillais, hameau de pêche à l'île Chauzey (Manche).

482 Les Bords de la Seine à Rangiport (Seine-et-Oise).

SACHY (Henri de), né à Paris, élève de MM. Paul Colin, Cabanel, Dubuffe et Mazerolles, rue du Pont-Neuf, 29, Paris.

483 Le Retour.

Le soir nous regagnions notre logis ; elle marchait s'appuyant paresseusement sur mon bras, un baiser lui faisait oublier la fatigue...

(*Mémoires d'un homme sérieux*, 1re Partie.)

SAILLAC (Mlle Carmel), née à Bordeaux, élève de Mme de Cool, avenue Victoria, 15, Paris.

484 Fille des Champs (porcelaine).

SAINT-CYR (Georges), élève de MM. A. Stévens et J.-P. Laurens, montagne [Sainte-Geneviève, 10, Paris.

485 Le Spleen.

486 Japonaiseries.

SAIN-PAUL, né à Avignon, élève de MM. Guilbert-Danelle et Gérome, rue du Dragon, 33, Paris.

487 La Cabane à Ugène. — Effet de neige à Billancourt.

488 La Plaine de Barbison.

SALLÉ (Pierre), rue Terme, 14, Lyon

489 Les Sarcleuses de colza, en Bretagne

490 Portrait de Mme de V.

SALLES (Jules), place Saint-Paul, 4 Nîmes.

491 Un Canard.

SALLES-WAGNER (Mme Adélaïde), née à Dresde, élève de Léon Cogniet, rue Blanche, 44, Paris.

492 Chanteurs italiens.

SARRAZIN (Joanny), élève de M. Chatigny, rue Bourgelat, 17, Lyon.

493 La promenade sous bois.

494 Portrait d'enfant.

SAVY (Mlle Marie), grande rue de Cuire, 19, Lyon.

495 Fleur des champs (dessin).

SAUZAY (Adrien-Jacques), né à Paris, élève de M. A. Pazini, mention honorable, Paris 1880, rue d'Orsel, 19, Paris.

496 Le vieux port Rhu, à Douardenez (Finistère).

SCHILL (Adrien), né à Batavia (Indes Nëerlandaises), élève de M. Portaëls, avenue Trudaine, 16, chez M. Eliot, Paris.

497 Le Médecin spirite.

SCHMIDT (Lucien-Louis-Jean-Baptiste), né à Miellin (Haute-Saône), élève de M. F. Grobon, Bonnefond, les frères Flandrin, mention honorable, Paris, 1863, rue d'Orléans, 63, Saint-Quentin (Aisne).

498 Les deux amis.

SCOHY (Jean), quai de la Guillotière, 10, Lyon.

499 Portrait.

SÉON (Alexandre), né à Chazelles-sur-Lyon (Loire), élève de l'Ecole des

Beaux-Arts de Lyon et de Lehmann, rue Vaugirard, 99, Paris.

501 Portrait de mon père.

502 Portrait de Mlle Jeanne L.

SERRES (Antony), né à Bordeaux, Parc de Custine, 3, à Saint-Gratien (Seine-et-Oise).

503 Martyr de Saint Etienne.

504 La pauvre voyageuse.

SERVANT (André), né à Lyon, élève de l'Ecole des Beaux-Arts de Lyon et de Cornu, boulevard Rochechouart, 49, Paris.

505 Le vieux marchand de gravures.

SICARD (A.), quai de l'Hôpital, 38, Lyon.

506 Fruits (pastel).

507 Etude de raisins (pastel).

508 Fleurs des champs (pastel).

SICARD (Nicolas), rue St-Georges, 120. Lyon.

509 Après la pluie. — Place Bellecour

SIRAND (Mlle Marie), élève de MM. Guichard et Médard, rue de la Bourse, 51, Lyon.

510 Roses sur la mousse.

SPINETTI (César), né à Rome, élève de l'Académie de Saint-Luc et de Gleyre, rue Fontaine-St-Georges, 30, Paris.

511 La Vierge de la Rédemption.

512 Une Almée.

STENGELIN (Alphonse), élève de MM. Guichard et Cabane, rue Puits-Gaillot, 31, Lyon.

513 La Bergerie.

514 Bords de la Meuse. (App. à M. X.)

TARGE (Mme), rue Centrale, 38, Lyon.

515 Corbeille de fruits.

TARGE (Mlle Marie), élève de M. Chaine, rue Centrale, 38, Lyon.

516 Portrait de M. T.

TATTEGRAIN, né à Péronne (Somme), élève de MM. Cranck, Lepic et Lefebvre, rue de Douai, 61, Paris.

517 Retour de pêche.

TCHOUMAKOFF (Théodore), né à Saint-Pétersbourg, boulevard Haussmann, 137, Paris.

518 Tête de jeune femme.

519 Tête de jeune fille.

TEXTOR, professeur à l'Ecole de la Martinière, grande rue de Cuire, 33, Lyon.

520 Portrait de l'abbé Noirot, ancien directeur de l'Académie de Lyon (buste terre cuite.)
521 Portrait de M. P. (buste plâtre.)

THENOT (Léopold), né à Bordeaux, rue Mouneyra, 18, Bordeaux.

522 Une Matinée de septembre à la pointe de l'Aiguillon, à Arcachon.

THURNER (Gabriel), né à Mulhouse, élève de M. Chabal-Dussurgey, rue de l'Echiquier, 30, Paris.

523 Chrysanthèmes et Roses.

TIRANT (Mlle Séraphine), élève de Guichard, rue de Jouffroy, 6, Lyon.

524 Portrait de M. L.
525 Portrait de Mlle L.

Feu TOURNY (Joseph), ✻. — Collection d'aquarelles reproduisant des chefs-d'œuvres des Musées de province.

MUSÉE DE MONTPELLIER

526 Tête de jeune homme, d'après Raphaël.

527 Mariage de Sainte-Catherine, d'après Véronèse.

528 Christ en croix, d'après Rubens.

529 Déposition de croix, d'après Campanna.

530 Sainte Marie l'Egyptienne, d'après Ribera.

531 Ange, d'après Zurbaran.

532 Deux personnages, d'après Bassano.

533 Portrait d'homme, d'après Sébastien Bourdon.

534 Samuel en prière, d'après Reynolds.

535 Servantes et Soldats endormis, d'après Terburg.

536 L'Homme à la Pipe, d'après Courbet.

MUSÉE DE GRENOBLE

537 Evêque entouré de Saints, d'après Rubens.

538 Christ, d'après Veronèse.

539 Saint-Sébastien, d'après Perugin.

540 Martyr de saint Barthélemy, d'après Ribéra.

541 Au pied de la Croix, auteur inconnu.

MUSÉE DE LYON

542 L'Ascension, d'après Pérugin (reconstruite avec les trois predelles de Rouen et le couronnement de saint Gervais).

MUSÉE DE ROUEN

543 Nativité, } d'après Pérugin.
544 Adoration des Mages, } d'après Pérugin.
545 Baptême de J.-C. } d'après Pérugin.

546 Princesses et saintes femmes, d'après Memling.

MUSÉE DE LILLE

547 Descente de la croix, d'après Van Dick.

548 Saint Nicolas, } d'après Rubens.
549 Saint Bonaventure. } d'après Rubens.

550 Médaillon allégorique d'après Veronèse

551 Christ et Madeleine, d'après Lambert Zustris.

552 Portrait de femme, d'après Mirevell.

553 Portrait d'architecte, maitre inconnu.

554 Médée, d'après Delacroix.

MUSÉE DE CAEN

555 Mariage de la Vierge, d'après Pérugin.

556 Christ au roseau, d'après Tiepolo.

MUSÉE DE MARSEILLE

557 Vierge sur le trône entourée de Saints, d'après Pérugin.

558 Grande chasse, d'après Rubens.

559 Portrait de jeune fille, d'après Véronèse.

MUSÉE D'AIX

560 Tête de Savant, d'après Hobleim.

561 Portrait de Gentilhomme, d'après Netcher.

MUSÉE DE BESANÇON

562 Vierge et Saints, d'après Fra Bartholoméo.

TRANCHARD (Joseph), né à Lyon, élève de l'Ecole des Beaux-Arts de Lyon et de M. Reignier, faubourg Saint-Antoine, 261, Paris.

563 Une Bourriche de Pensées.

TRONEL (E.-C.), né à Elbeuf, élève de J. Lefebvre et G. Boulanger, rue Poussin, villa Montmorency, Paris.

564 Pêcheurs de Villers

VAGNAT (Louis), né à Grenoble, rue de France, 10, Grenoble.

565 Chûte du Bréda, à Allevard (Isère.)

VANDER OUDERAA (Pierre-Jean), né à Anvers, élève de l'Académie royale d'Anvers, avenue Plantin, 36, Anvers.

566 Chez leCou telier fourbisseur.

VANDER SYP (Armand), élève de M. J. Lefebvre, rue Chabrol, 16, Paris.

567 Fleurs.

VAN SEBEN (Henri), rue Van Aa, 9, Ixelles. — Bruxelles.

568 Le Rhin (Hollande).

VASSELON (Mlle Alice), rue Ste-Eleuthère, Montmartre, Paris.

569 Fleurs d'automne.

VAUDET (Auguste-Alfred), né à Paris, élève de M. Lequien, statuaire, méd., Paris, 1880, rue de la Verrerie, 67, Paris.

570 Cadre contenant dix-huit pierres gravées et deux esquisses cire.

571 Cadre contenant une pierre gravée et une esquisse cire.

VAUX-BIDON (Mlle Amélie de), née à Périgueux (Dordogne), élève de Mme de Cool, place de Rennes, 6, Paris.

572 L'Oracle des champs, d'après Perrault. (Porcelaine.)

573 Allant à l'école, d'après Bôle. (Porcelaine.)

VAYSSON (Paul), né à Gordes (Vaucluse), élève de Gleyre, hors concours, rue Fortuny, 13, Paris.

574 Le Berger et la Mer.

VERNAY (François), rue de Crillon, 83, Lyon.

575 Fleurs et Fruits.

576 Fleurs et Fruits.

VERRIMST (Louis-Frédéric), né à Paris, élève de MM. Lehmann et J. Lefebvre, boulevard Ornano, 59, Paris.

577 Une Mouche.

VERSCHUUR (Walter), né à Amsterdam, rue de Constantinople, 39, Paris.

578 Une Causerie.

VEYRASSAT (Jules-Jacques), ✻, né à

Paris, hors concours, boulevard Clichy, 7, Paris.

579 La petite culture.

VILLARD (Stéphane), né à Lyon, à St-Germain-au-Mont-d'Or (Rhône).

580 Avant les feuilles.

581 Un jour de vent.

VILLARD (Gabriel), élève de M. Chatigny, rue de Chartres, 34, Lyon.

582 Portraits de Mme et Mlle X...

583 Portrait de Mme X...

VINCENT (Eugène), élève de l'Ecole des Beaux-Arts de Lyon, rue de la Bombarde, 13, Lyon.

584 Une tournée de petits étameurs.

VIOLET (Auguste), élève de l'Ecole des

Beaux-Arts de Lyon et de M. Reignier, quai Pierre-Scize, 6, Lyon.

585 Fleurs.

VISSER (G.) Anvers.

586 Le Cap Gris-Nez, près de Calais.

VOLLEN, rue Godefroy, 22, Lyon.

587 Fruits d'automne.

VORNT (Elire), né à Lausanne, élève de MM. Midy et Luminais, avenue Trudaine, 16, chez M. Eliot, Paris.

588 Casseur de pierres.

589 Un soir. (Faïence)

WAY (Charles), à Lausanne (Suisse.)

590 Vue des Alpes vaudoises et savoisiennes. — Fond du haut lac Léman (Aquarelle).

591 Veylan-Chillon.— Lac Léman. (Aquarelle.)

592 Ancienne abbaye de St-Sulpice sur les bords du Léman. (Aquarelle.)

593 Cully. — Lac Léman. — Printemps. (Aquarelle.)

WINTER (Pharaon-Abdon-Léon de), né à Bailleul (Nord), élève de MM. Colas, Cabanel et J. Breton, mention honorable, Paris, 1880, rue de Méteren Bailleul.

594 Le Dimanche des Rameaux.

WOLF (Camille), place des Terreaux, 9, Lyon.

595 Portrait de Mme X. (pastel).

596 Portrait de Mme S. (pastel).

WYLD (William) ✠, hors concours, rue Blanche, 27, Paris.

597 Environs de Dresde.

ZUBER (Jean-Henri), né à Renhein (Alsace), élève de Gleyre, hors concours, rue de Vaugirard, 59, Paris.

598 Les premières feuilles. — Environs de Crémieux.

BOKS (E.-J.), rue de la Province, 93, Anvers.

599 La Veuve de l'artiste.
600 Le Bouquet délateur.

BRUNER-LACOSTE (Henri), né à Paris, place St-Michel, 5, Paris.

601 Fleurs.

DUMONT (Louis-Pierre-Paul), rue Dauphine, 17, Paris.

602 Paysage.

MASO (Félipe), né à Barcelone (Espagne), élève de M. Bonnat, rue Fontaine-St-Georges, 38 *bis*, Paris.

603 Confidence.

MERCIÉ (Antonin), boulevard St-Michel, 135, Paris.

604 Le Message.

MONCHABLON (Xavier Alphonse), né à Avillers (Vosges), élève de Cornu et de Gleyre.

605 Victor Hugo.

PONTHUS-CINIER (Antoine), quai Tilsitt, 12, Lyon.

606 La plaine du Dauphiné, Mont-Cindre, vue prise des anciennes carrières du village de St-Fortuna (Rhône.)

607 La vallée de Virieux-le-Grand (Ain).

PORTES (Charles-Louis), côte des Carmélites, 22.

608 Portrait de M. P. (Dessin.)

POTIGNY (Mme Nelly), rue de Crillon, 83, Lyon.

609 Portrait de Mlle Geneviève D.

PRADARD (Louis), Sathonay (Ain.)

610 Dessert.

611 La Promenade.

PROUVIER (Mlle Anthelma), élève de M. Loubet, rue Lafont, 18, Lyon,

612 Portrait de M. le docteur D.

SIMON (François), quai du Canal, 38, Marseille.

613 Rentrée du Troupeau.

TOUDOUZE (Edouard), né à Paris, élève de Pilz et de M. A. Leloir, boulevard des Batignolles, 21, Paris.

614 La Dormeuse. — Costume flamand du XVIe siècle.

Lyon. — Imp. J. Gallet, 2, rue de la Poulaillerie.

www.ingramcontent.com/pod-product-compliance
Lightning Source LLC
LaVergne TN
LVHW012011220826
846092LV00001B/316

* 9 7 8 2 3 2 9 7 7 2 8 4 4 *